RUSSIAN SHORT STORIES FOR BEGINNERS

Learn Russian Vocabulary and

Phrases with Stories (A1/A2)

No part of this publication may be reproduced, distributed, or transmitted in any form or by any means, including photocopying, recording, or other electronic or mechanical methods, without the prior written permission of the publisher, except in the case of brief quotations embodied in critical reviews and certain other non-commercial uses permitted by copyright law.

The trademarks that are used are without any consent, and the publication of the trademark is without permission or backing by the trademark owner. All trademarks and brands within this book are for clarifying purposes only and are the owned by the owners themselves, not affiliated with this document.

Russian Short Stories for Beginners: *Learn Russian Vocabulary and Phrases with Stories (A1/A2)*

All rights reserved

© **Copyright 2020 Verblix**

1. edition: 2020

Independently published

ISBN: 979-8-6213-3053-8

Table of Contents

Introduction 1

   How To Learn A Foreign Language Fast 5
   How Is Russian Grammar Taught At Beginner (A1/A2) Level 9
   Guidelines On How To Read The Following Short Stories 10

The Stories 12

1. Прогулка По Невскому 13
   Глоссарий 21
   Краткое содержание 24
   Вопросы 25
   Ответы на вопросы 27

2. Каникулы В Сочи 28
   Глоссарий 36
   Краткое содержание 39
   Вопросы 40
   Ответы на вопросы 42

3. Необычное Утро 43
   Глоссарий 50
   Краткое содержание 53
   Вопросы 54
   Ответы на вопросы 56

4. Наш Гостевой Дом **58**
    Глоссарий 64
    Краткое содержание 68
    Вопросы 69
    Ответы на вопросы 71

5. Блог Алёны **72**
    Глоссарий 79
    Краткое содержание 82
    Вопросы 83
    Ответы на вопросы 85

Conclusion **86**

INTRODUCTION

Congratulations for buying *"Russian Short Stories for Beginners – Learn Russian Vocabulary and Phrases with Stories (A1/A2)"!*

Are you currently learning Russian? Do you want to broaden your horizon by becoming acquainted with the language of Tolstoy, Dostoyevsky and other famous writers? If your answer to either one of these questions is yes, then this book is perfect for you.

Discovering the Russian language through short stories

As a beginner, you may have noticed how little learning material is available for Russian. Often, people give up on discovering this beautiful language, just because they feel there are not enough resources available to help them. The short stories contained in this book will help you start your learning process the right way.

At the end of each story, you will find a brief summary in Russian and a glossary containing challenging words. There are also multiple choice questions, which will help you verify how well you have understood the text.

This book is the perfect resource for adults who are interested in learning Russian, whether for pleasure, work or study.

The door to a new culture

There may be different reasons why you have chosen to learn Russian. If you want to travel to Russian-speaking countries, learning the language is always a good idea, as the locals rarely speak foreign languages. Moreover, they will enthusiastically welcome anyone who makes an effort to communicate in Russian.

Business transactions are usually more successful when one speaks Russian, even if just at a beginner level. You will find the Russian businessmen to be more trusting of those who know the language, especially since they will be able to interact directly with you and not have to use an interpreter. Last, but not least, you might want to learn Russian to study in one of the Russian-speaking countries, and broaden your horizons.

Where is Russian spoken?

Russia is not the only country where you can use your language skills! It is one of the six official languages of the United Nations, and is the official language of Belarus, Kyrgyzstan, and Kazakhstan. In countries such as Moldova, Ukraine, Tajikistan, Turkmenistan, Uzbekistan, and Azerbaijan, it is widely spoken and understood. Russian is also considered in some countries as an 'international language' for tourists to use, if they do not speak the local language. An impressive number of people in Israel also speak it as a mother tongue.

People from countries such as Poland, Slovakia, Estonia, Hungary, Latvia, Lithuania, the Czech Republic, and Germany might have a good understanding of the language. Worldwide, there are 167 million native speakers of Russian and another 110 million people who use this language to communicate.

Is Russian a difficult language to learn for an English native speaker?

The answer is *probably yes* – but if it were simple, there would not be the excitement of a challenge and the satisfaction once conquered!

Learning Russian takes practice, as the grammar is challenging, and the case system can be difficult to grasp. The word-endings often alter to accord with function, gender and number.

Give yourself time to become comfortable with the unique alphabet and pronunciation of Russian. And do not be discouraged, as this language is still easier than many others, such as Chinese or Korean. Use the learning material from this book to discover the language as it is – complex yet beautiful.

Similarity with other languages

In terms of rhetoric and grammar, Russian has many similarities with other Slavic languages such as Bulgarian and Ukrainian. Its vocabulary, for the most part, is similar to the Polish, Serbian and Croatian languages. So, if you have knowledge of any of these languages (or any Slavic language, for that matter) then you will find it much easier to conquer Russian, too.

How to Learn a Foreign Language Fast

If you want to learn a foreign language fast, it's important that you put equal effort in developing the four skills of language learning. Developing these skills will help you develop your comprehension, and at the same time, set you up to become an effective communicator. Think about how you learned your first language. Usually, it's the listening skills that develop first, then speaking, then reading and writing. Here's a brief description of the 4 capabilities, or the LSRW skills.

Listening – the first skill that we learn in our native language. Known as a passive or receptive skill, listening involves receiving language through our ears, and allowing the brain to make sense of what was said. While listening is said to be the mother of all language skills, not many people put enough effort into developing their listening skills.

The best way to practice is to familiarize yourself with as much native sources of language as you can. Watch Russian movies (with or without the subs) and listen to Russian podcasts and audiobooks. Try listening purely for the different sounds first before you start looking for the context of the material you're listening to.

Speaking – the second skill that we learn in our native language. Speaking is an active or productive skill that involves using our vocal tract to produce language that our brain has interpreted. Speaking is often the number one weakness for anyone acquiring a second language as it is common for us to start learning a language through reading.

One way to improve your speaking skill is to read text out loud. Practice reading along with a recording at first, then reread the text on your own, but this time, pay attention to the pronunciation and the inflections on the sentences.

Notice that Russian pronunciation is very different from the English pronunciation so practice making the correct sounds. Reading aloud activates your mouth and diaphragm's muscle memory and helps you get used to saying unfamiliar words out loud.

Reading – It may be the third skill that we learn from our native language, but reading is the first skill that we learn in acquiring a new language. Reading is a passive or receptive skill that involves using our eyes and brains to understand written language.

Reading in a foreign language is important because it effectively exposes you to more words and sentences than listening to a song or watching a movie. Your brain is more receptive to accepting brain feed (grammar patterns, vocabulary words) through reading, so make sure to look for the right reading material for your level. Picking out a difficult reading material early on will only overload your cognitive function and demotivate you from making reading a habit.

Writing – the fourth skill that we learn in our native language, writing is an active or productive skill that involves using our hands and brains to write symbols that represent the spoken language.

The best way to improve your writing skills is to read as much as you can. While reading, focus on sentence structure, punctuation, style, and other aspects that will help you get your point across through writing. Read different types of texts and try to replicate them in different scenarios.

While there's no denying the importance of all four language skills in further enhancing our knowledge of our native language, just how important are these skills in learning Russian? Do you need to master all four to communicate effectively in your second language? Well, the answer is yes and no.

Yes, if you want to eventually be on the same level as native Russian speakers. No, if you're learning goal doesn't involve all four skills. So for example, if you only want to learn Russian just to survive your next travel to a Russian speaking country, writing is not really a priority.

How is Russian Grammar Taught at Beginner (A1/A2) Level

The main purpose of this book is to provide you with a challenging and yet entertaining way to help you learn the Russian language. You'll learn the basics of the Russian language, from nouns and adjectives to different verb tenses that any beginner will be able to quickly understand. You'll also learn important sentence structures and vocabulary words that will allow you to engage in a casual conversation with a native Russian speaker. We won't bore you with grammatical notes you'll find in most textbooks. Instead, you'll learn how to use the Russian language through a more practical method.

If you feel a little bit overwhelmed by this, don't be! Only grammatical aspects appropriate for the A1/A2 levels are included in this book. We've decided to take away the advanced grammatical aspects and tenses so as not to confuse you. The vocabulary is also pretty basic so that beginners such as yourself won't have a hard time understanding the stories.

Guidelines on How to Read the Following Short Stories

We want to help you learn Russian in the fastest and most convenient way possible. Through this book of compiled stories, we hope to entertain you, and at the same time, ensure that you understand the Russian language better.

Here are a few guidelines to help you take full advantage of the short stories in this book:

First, try to read through the entire text without checking the meaning of unknown words. Don't feel pressured to recognize all the words from the stories. It's perfectly normal for beginners to recognize only a few words. If you need to take a breather while reading, feel free to do so.

After reading the text, try to summarize what you've read based on your initial understanding. You can check if you understood correctly by looking at the short summary at the end of each story. Again, don't feel pressured to get it right on the first try.

Give it another go! Reread the chapter, but this time, concentrating on the words and sentence structure. Try to find the context of the text you're reading. Look for words that seem similar to a language that you're already familiar with. Take note that vocabulary words for that specific text are intentionally repeated in order to give you a better chance to familiarize yourself to them.

Check the glossary of difficult or advanced vocabulary words at the end each story. If you want to consult other materials to help you understand the story better, feel free to do so. You can search the internet for helpful text or read textbooks to get additional information.

At the end of every story, you'll find a set of questions that will help test your comprehension. We encourage you to answer these questions so that you can assess for yourself how well you understood the story.

Have fun!

THE STORIES

1. Прогулка по Невскому

Марк и Анна целый год живут и работают в Москве. За год они уже неплохо узнали **столицу**, а вот в Санкт-Петербург приехали **впервые**. **Скоростно́й поезд** «Сапсан» привёз их на Московский вокзал.

Марк открыл карту на телефоне.

— Смотри, Анна, Московский вокзал находится в центре города. Можно выйти из здания вокзала и попасть **прямо** на Невский проспект — главную улицу Санкт-Петербурга. Давай не будем **заезжать** в отель, а сразу пойдём гулять! На улице такая хорошая погода!

— Давай! Тем более, что **чемода́нов** у нас с собой нет, только лёгкие **рюкзаки**. Невский проспект — длинная улица?

— Длинная. Если мы пройдем через весь Невский, то выйдем к **Адмиралтейству**, а потом к Неве́. Нева́ — это главная река Санкт-Петербурга. Но кроме Невы здесь много других рек и каналов.

— Да, я об этом читала. Санкт-Петербург **даже** иногда называют Северной Венецией.

— Кстати, на карте видно, что **по пути** к Неве мы должны встретить **некоторые** реки и каналы: Фонтанку, Канал Грибоедова и Мойку.

— Интересно! Пойдём скорее!

Марк и Анна прошли уже почти половину пути и остановились отдохнуть на мосту через Фонтанку.

— Посмотри, какие интересные скульптуры на этом мосту, Марк! Теперь я вижу, что в Санкт-Петербурге не только красивые дома, но и красивые мосты! Что ты всё время ищешь в своём телефоне?

— Никак не могу найти, как называется этот мост. Ты не знаешь?

— Нет. Давай лучше спросим! Смотри, сколько людей вокруг!

— У кого спросим?

— Например, у этих девушек.

— Добрый день! Скажите, пожалуйста, как называется этот мост?

— Это Аничков мост. А фигуры бронзовых коней на мосту **создал** скульптор Пётр Карлович Клодт в XIX веке.

— Здорово! Вы так много знаете! Вы живёте в Петербурге?

— Нет. Мы не **петербурженки**. Мы приехали на **каникулы** из Новгорода.

— Новгород далеко от Санкт-Петербурга?

— Нет, не очень. Можно доехать за 3 часа на поезде.

— Большое спасибо за помощь! Хорошего вам отдыха!

— Не за что! И вам хорошего отдыха!

Марк и Анна пошли дальше. Погода была просто замечательная. **Светило** солнце и **дул** лёгкий ветерок. breeze

— Странно, — сказал Марк, — в Москве нам все говорили, что погода в **Питере** даже летом **пасмурная** и **дождливая**, и **советовали** взять с собой зонты.

— Да, я помню. Наверное, нам очень **повезло**! А ты взял с собой зонт?

— Нет, он не вошёл в рюкзак. Но ты же **наверняка** взяла свой зонт. Ты его всегда с собой берёшь.

— Да, всегда. Но в этот раз я его забыла. Надеюсь, дождя не будет!

— Сейчас я посмотрю в интернете.

— Опять ты смотришь в телефон! Убери его в карман! Вокруг такая красота!

— **Ладно**, ладно. Убираю.

Марк и Анна увидели перед собой канал Грибоедова. Справа, немного дальше, стоял красивый **собор** в русском стиле, а слева, на другой стороне проспекта, был другой огромный собор, **похожий** на европейский.

— А вот об этих соборах я знаю и без интернета! Я читала о них, когда готовилась к поездке! — похвасталась Анна. — Справа — Спас на Крови. Он построен на месте **убийства** императора

Александра II. А слева — Казанский собор — главный **православный** собор города.

— Ну, Казанский собор и я узнал. Я читал о нём ещё в университете, когда изучал историю архитектуры.

— Интересно, мы можем зайти **внутрь**? — спросила Анна.

— Давай я **всё-таки** посмотрю в интернете! — Марк снова достал свой телефон, но посмотреть ничего не успел.

Ветер вдруг **усилился**, стал холодным и **неприятным**. Небо закрыла большая тёмная **туча**, и тут же начался **ливень**. Люди на проспекте быстро достали зонтики, **накинули плащи** и побежали к ближайшим зданиям — прятаться от дождя.

Марк и Анна тоже побежали. **Жаль** только, зонтов у них не было. Они быстро забежали в большое здание на углу Невского проспекта и

Канала Грибоедова. Это был **огромный** книжный магазин — Санкт-Петербургский Дом Книги.

На двух этажах **просто́рного** исторического здания везде были полки и столы с разными книгами. Марк и Анна немного **согре́лись** и решили **походить** по магазину. Они нашли много интересных книг и альбомов о России, о Санкт-Петербурге, его истории, архитектуре и туристических местах. Анна даже купила книгу об Эрмитаже и набор открыток с видами **пригородов** Санкт-Петербурга.

На втором этаже друзья нашли **уютное** кафе «Зингер» с прекрасным видом на Невский проспект и Казанский собор. Они уже очень **проголодались**, поэтому взяли себе борщ, салат, блины и чай. Марк выбрал столик прямо у окна, чтобы было лучше видно Казанский собор. Друзья спокойно пообедали и отдохнули.

Ливень закончился. Снова светило солнце, только **лужи** на **тротуаре напоминали** о том, как часто меняется погода в городе.

— Как хорошо пить горячий чай после того, как попал под дождь, — сказала Анна.

— Да, — согласился Марк. — Только я уже очень устал, поэтому хочу поехать в отель, принять душ и переодеться. А вечером можно будет снова пойти гулять. Я посмотрел в интернете: мы можем доехать до нашего отеля на метро. Здесь рядом станция «Невский проспект».

— Хорошая идея! — согласилась Анна. — Только перед тем, как мы снова пойдём гулять, я обязательно зайду в магазин и куплю себе зонт!

Глоссарий

- **Столица** — capital
- **Впервые** — for the first time
- **Скоростной поезд** — express train
- **Прямо** — straight, directly
- **Заезжать** [несов. вид] / **заехать** [сов. вид] — to stop by
- **Чемодан** — suitcase
- **Рюкзак** — backpack
- **Адмиралтейство** — the Admiralty
- **Даже** — even
- **По пути** — on the way
- **Некоторые** — some
- **Создавать** [несов. вид] / **создать** [сов. вид] — to create
- **Петербурженка** (ж.р. ед. ч) Сравни: петербуржец (м.р. ед.ч) — inhabitant of Saint-Petersburg, Petersburger

- **Каникулы** — vacations, school break
- **Светить** — to shine
- **Дуть** — to blow
- **Питер** — Saint-Petersburg (colloquial, informal way to call Saint-Petersburg)
- **Па́смурный** — gloomy, cloudy
- **Дождли́вый** — rainy
- **Советовать** — to advise
- **Повезло** (Дательный падеж: кому? чему? + повезло + с+ Творительный падеж: кем? чем?) — (smb.) to get lucky (with smth.)
- **Наверняка** — for sure, surely, certainly
- **Ладно** — OK!
- **Собор** — cathedral
- **Похожий** — looking alike, similar
- **Убийство** — murder
- **Православный** — Orthodox Christian
- **Внутрь** — inside
- **Всё—таки** — after all, anyways
- **Усиливаться** [несов. вид] / **усилиться** [сов. вид] — to get stronger
- **Неприятный** — unpleasant

- **Туча** — rain cloud
- **Ли́вень** — rainfall
- **Накидывать** [несов. вид] / **наки́нуть** [сов. вид] — to put on
- **Плащ** — raincoat
- **Жаль** — pity
- **Огромный** — huge, enormous
- **Просто́рный** — spacious
- **Согреваться** [несов.вид] / **согреться** [сов. вид] — to warm up, to get warm
- **Походить** — to walk around
- **Пригород** — suburbs
- **Уютный** — cozy
- **Проголода́ться** — to get hungry
- **Лу́жа** — puddle
- **Тротуа́р** — pavement
- **Напомина́ть** [несов. вид] / **напомнить** [сов. вид] — to remind

Краткое содержание

Марк и Анна впервые приехали в Санкт-Петербург. На улице была хорошая погода, и они решили сразу пойти гулять. От Московского вокзала они пошли по Невскому проспекту к Неве. Они увидели Фонтанку и Канал Грибоедова, Казанский собор и Спас на Крови. Когда они были на Канале Грибоедова, начался ливень. Они спрятались от дождя в Санкт-Петербургском Доме Книги. Они походили по магазину и купили книгу и открытки. На втором этаже Дома Книги было кафе. Друзья пообедали в кафе и отдохнули. Пока они были в кафе, ливень закончился, и они решили поехать в отель на метро, чтобы принять душ и переодеться.

Вопросы

1. На чём Марк и Анна приехали в Санкт-Петербург?
    a. На самолёте
    b. На пароме
    c. На поезде
    d. На машине

2. Откуда Марк и Анна узнали название моста через Фонтанку?
    a. Спросили у прохожих
    b. Посмотрели в интернете
    c. Прочитали в путеводителе
    d. Прочитали на табличке

3. Почему Марк и Анна зашли в Дом Книги?
    a. Они захотели купить книгу
    b. Они прятались от дождя
    c. Они захотели спросить дорогу
    d. Они думали, что это их отель

4. Где находилось кафе «Зингер»?
    a. На первом этаже Дома Книги
    b. На втором этаже Дома Книги
    c. В Казанском соборе
    d. На Московском вокзале

5. Что Анна хочет купить в магазине перед прогулкой?
    a. Зонт
    b. Рюкзак
    c. Чемодан
    d. Плащ

Ответы на вопросы

1. c

2. a

3. b

4. b

5. a

2. Каникулы В Сочи

Катя с детства **увлекается** спортом. Она занималась **художественной гимнастикой**, бадминтоном и **лыжами**, но **в итоге выбрала фигурное катание**.

Когда в российском городе Сочи **проходили** Зимние Олимпийские Игры, Катя не **пропустила** ни одной спортивной **трансляции** и решила, что **обязательно** станет **тренером**, а ещё обязательно **увидит** Сочи **своими глазами**.

Сейчас Кате 20 лет. Она студентка Института физической культуры, спорта и здоровья в Москве. После учёбы Катя **подрабатывает** —

занимается с детьми фигурным катанием. В будущем она мечтает стать известным тренером.

В этом году на зимние **каникулы** Катя приехала в Сочи. Она наконец-то увидела город, в котором проводилась Олимпиада 2014. Её детская мечта **сбылась**!

В первый день Катя просто гуляла по городу и радовалась тому, что в Сочи даже зимой очень тепло. На улице было +15 градусов и светило яркое солнце. В Москве в январе намного холоднее. Катя знала: в Сочи так тепло, потому что это **единственный** город в России с субтропи́ческим кли́матом, но всё равно такая тёплая зима её **удивляла**.

Ещё Катя впервые увидела Чёрное море. Оно ей очень понравилось. Катя решила, что обязательно вернётся в Сочи летом, когда в Чёрном море можно купаться.

Во второй день Катя собралась посетить Океана́риум. Но первое, что она сделала утром —

открыла интернет и посмотрела **афишу спортивных мероприятий** в Сочи. Конечно, она очень хотела сходить на фигурное катание, но **соревнований** по фигурному катанию в это время в Сочи не было. Поэтому она купила через интернет билет на матч хоккейных клубов Сочи и ЦСКА.

Потом она открыла свою электронную почту, чтобы сохранить электронный билет, но билета не нашла. Катя подождала десять минут, проверила все **папки**, но билета нигде не было. Тогда Катя взяла телефон и позвонила в **службу поддержки**.

— Добрый день! Служба поддержки. Меня зовут Михаил. Как я могу вам помочь?

— Здравствуйте. Меня зовут Екатерина. Я оплатила на вашем сайте электронный билет на матч Сочи - ЦСКА в эту субботу, но билет до сих пор не пришёл.

— Я сейчас проверю. Назовите номер заказа, пожалуйста.

— 89911675.

— Спасибо. Ваш электронный адрес, пожалуйста.

— katia.orlova@list.ru.

— Спасибо. Я вижу ваш заказ. Произошла техническая ошибка, поэтому вы не получили билет. Я отправлю его вам прямо сейчас. Пожалуйста, **оставайтесь на линии**, пока не получите билет.

— Билет пришёл. Спасибо, Михаил.

— Рад был помочь. Благодарим вас за обращение в нашу службу поддержки. Желаем вам хорошего дня!

— И вам хорошего дня! До свидания.

После того, как Катя получила билет, она позавтракала в ресторане гостиницы и поехала в Адлерский Океанариум.

Адлерский Океанариум — большой современный океанариум, где можно увидеть рыб **со всего света**. Катя провела там **полдня**.

Больше всего ей понравилось наблюдать за черепахами, **акулами** и **скатами**. Интереснее всего было смотреть, как **акваланги́ст** спускался в аквариум с акулами и **кормил** их.

После океанариума Катя зашла в сувенирный магазин и купила игрушечную черепаху для своей младшей сестры. Катиной сестре, Даше, 8 лет. Она учится в школе и коллекционирует черепах. Катя уверена, что Даше очень понравится такой подарок.

Вторую часть дня Катя снова **посвятила** прогулке по Сочи. На этот раз она пришла в Олимпийский парк. Она увидела стадионы «Фишт» и «Шайба», ледовый дворец «Айсберг».
Когда стало темно, Катя пришла на Медальную площадь, чтобы посмотреть **шоу поющих фонтанов**. Шоу очень понравилось Кате. Целый

час звучала красивая классическая и современная музыка, а фонтаны «танцевали» под неё. Специальная цветная **подсветка** делала шоу поющих фонтанов ещё ярче. Катя точно запомнит Олимпийский парк в Сочи.

Следующие три дня Катя провела в горах на знаменитом сочинском **горнолыжном курорте** «Роза Хутор». Она с удовольствием покаталась на **горных лыжах** и даже научилась немного кататься на сноуборде. Катя — спортсменка, поэтому она очень быстро учится новым видам спорта. Тренер Кати по сноуборду сказал, что из неё получится хорошая сноубордистка, если она будет тренироваться дальше.

Кроме занятий спортом, Катя много гуляла по Роза Хутору. Особенно ей понравилась центральная площадь Роза Хутора с ратушей и **смотровая площадка** Роза Пик на высоте 2320 метров, куда идёт **канатная дорога**.

Катины каникулы в Сочи почти закончились. В свой последний вечер в городе Катя пошла на хоккейный матч Сочи - ЦСКА. В Москве она часто ходит на хоккей. Её молодой человек, Антон, **фана́т** ЦСКА. ЦСКА — московский клуб.

Но сейчас Катя решила **болеть за** Сочи. Она **заняла место** на трибуне, сделала селфи на фоне хоккейной площадки и отправила Антону в мессенджере. Жаль, что он не смог с ней поехать, потому что очень много работает.

И вот матч начался. Обе команды очень хотели **победить**. Они постоянно атаковали **ворота** друг друга. Игра получилась динамичной и интересной. Но команда ЦСКА в тот вечер была гораздо сильнее. В итоге она выиграла матч со счётом 4:2. Катя сфотографировала финальный счёт и отправила фотографию Антону. Антон, конечно, был счастлив.

Катя тоже была счастлива. Её каникулы в Сочи получились очень яркими и активными. Теперь Катя ещё больше хочет стать известным тренером и когда-нибудь приехать на зимнюю олимпиаду **в составе сборной** России. А ещё она решила обязательно вернуться в Сочи в июле, но уже вместе с Антоном.

Глоссарий

- **Увлекаться** [несов. вид] / **увлечься** [сов. вид] — to be fond of
- **Художественная гимнастика** — rhythmic gymnastics
- **Лыжи** — ski, skiing
- **В итоге** — in the end
- **Выбирать** [несов. вид] / **выбрать** [сов.вид] — to choose
- **Фигурное катание** — figure skating
- **Проходить** — to take place
- **Пропускать** [несов.вид] / **пропустить** [сов.вид] — to miss
- **Трансляция** — broadcast
- **Обязательно** — absolutely
- **Тренер** — coach
- **Увидеть своими глазами** — see for oneself

- **Подраба́тывать** — work a second job; work a part-time job
- **Каникулы** — vacation, school break
- **Сбываться** [несов. вид] / **сбыться** [сов. вид] — to come true (about a dream)
- **Единственный** — only, only one
- **Удивля́ть** — to amaze
- **Афиша** — list of events
- **Спортивное мероприятие** — sport event
- **Соревнование** — competition
- **Папка** — folder
- **Слу́жба подде́ржки** — customer support
- **Оставаться на линии** — to hold on
- **Со всего света** — from all over the world
- **Полдня** — half of the day
- **Акула** — shark
- **Скат** — cramp-fish
- **Аквалангист** — scuba diver
- **Кормить** — to feed
- **Посвящать** [несов. вид] / **посвятить** [сов. вид] — to dedicate

- **Шоу поющих фонтанов** — singing fountains show
- **Подсветка** — additional illumination
- **Горнолыжный курорт** — mountain ski resort
- **Горные лыжи** — alpine skiing
- **Смотрова́я площа́дка** — sightseeing spot
- **Кана́тная доро́га** — aerial railway
- **Фанат** — fan
- **Болеть за** — to support (usually in sport competitions)
- **Занимать** [несов. вид] / **занять место** [сов. вид] — to take a seat
- **Побеждать** [несов. вид] / **победить** [сов. вид] — to win
- **Ворота** — goal
- **В составе** — as a part of
- **Сборная (команда)** — national team (the second word is often skipped)

Краткое содержание

Катя — московская студентка. Она учится на тренера по фигурному катанию. На зимние каникулы она приехала в Сочи. В первый день Катя просто гуляла по городу. Во второй день она заказала через интернет билеты на хоккейный матч, а потом поехала в Адлерский Океанариум. Вечером Катя пошла гулять в Олимпийский парк. Следующие три дня Катя провела на горнолыжном курорте «Роза Хутор». Она каталась на лыжах и сноуборде, гуляла по центру Роза Хутора, а ещё поднялась на смотровую площадку Роза Пик. В последний день в Сочи Катя пошла на хоккейный матч Сочи - ЦСКА. Кате очень понравилось в Сочи, и она решила снова приехать туда летом.

Вопросы

1. Кем станет Катя, когда окончит институт?
    a. Врачом
    b. Тренером по фигурному катанию
    c. Тренером по сноуборду
    d. Тренером по хоккею

2. Зачем Катя приехала в Сочи?
    a. На каникулы
    b. На учёбу
    c. На работу
    d. На тренировку

3. Билеты на какое спортивное мероприятие купила Катя?
    a. На фигурное катание
    b. На бадминтон
    c. На художественную гимнастику
    d. На хоккей

4. Зачем Катя звонила в службу поддержки?
   a. Она не знала, как купить билет через интернет
   b. Она не получила билет на электронную почту
   c. Она хотела вернуть билет
   d. Она хотела купить второй билет для своего молодого человека

5. Что такое «Роза Хутор»?
   a. Старое название Сочи
   b. Отель, где жила Катя
   c. Название горнолыжного курорта
   d. Название хоккейного клуба города Сочи

Ответы на вопросы

1. b

2. a

3. d

4. b

5. c

3. Необычное Утро

В среду 15 ноября Сергей проснулся **как обычно** в 7 утра. Он принял душ, почистил зубы, выпил кружку кофе **вместо** завтрака, надел свой лучший **офисный костюм** и в 8:00 вышел из дома.

Его рабочий день начинается в 9:30 утра, но сегодня Сергей хочет быть в офисе раньше, потому что в 10:30 начинается очень важное **совещание**, на котором Сергей должен рассказать **генеральному директору** компании о своём первом **самостоятельном** проекте.

Сергею всего 23 года. Он **окончил университет** в Волгограде год назад, переехал в Москву и сразу смог найти хорошую работу и даже получить свой проект. Сергей очень **трудолюбивый** и **целеустремлённый**. Он мечтает построить успешную карьеру в большой **международной** компании.

Над своим проектом Сергей работал три месяца. Он очень надеется, что проект понравится генеральному директору компании и другим, и тогда Сергей сможет получить более высокую и интересную **должность**.

Сергей спустился в метро и зашёл в вагон. Ему нужно было проехать пять станций. Офис, где работает Сергей, находится в престижном **деловом районе** Москвы на Пресненской **набережной**. Этот очень красивый **современный** район в центре города называется Москва-Сити.

Сергей очень **гордится** тем, что работает в таком месте. Сергей очень любит современную архитектуру, поэтому Москва-Сити — его любимое место в столице.

В вагоне метро Сергей сел на **свободное** место и **случайно** посмотрел на свои носки. Носки были разного цвета! Один — серый, другой — чёрный! «**Не может быть**!» — подумал Сергей. Он ведь ещё вчера **приготовил** свою одежду. Сегодня такой важный день, он не может прийти в офис в разных носках. «Надо **срочно** что-то делать!» — решил Сергей и **вы́бежал** из метро на следующей станции.

Сергею нужно срочно найти магазин, где он сможет купить новые носки. Он вышел из вагона на станции «Охо́тный ряд». Сергею очень повезло. Именно на этой станции есть огромный **подземный** торго́вый центр. Сергей побежал туда.

Магазины внутри торгового центра только открывались. Сергей **забе́гал** в каждый из них и спрашивал: «У вас есть носки?», «Вы продаёте носки?» Носки нигде не продавали. Продавцы **удивлённо** смотрели на Сергея и **ве́жливо** предлагали ему косметику, цветы и свежий кофе с **булочкой**. Наконец Сергей нашёл магазин, где продавали носки.

— Здравствуйте! — сказал он. — Мне, пожалуйста, одну **пару** мужских носков серого цвета.

— Добрый день! — ответил продавец. — **К сожалению**, носков серого цвета у нас нет.

— Хорошо. Тогда синего цвета.

— И синих носков у нас тоже нет.

— Ну чёрные носки у вас ведь должны быть? — удивлённо спросил Сергей.

— Нет. Чёрные носки мы не продаём.

— А какие у вас есть?

— Зелёные, жёлтые, красные **в** белый **горо́шек**...

— Мне такие не нужны. Я еду в офис. На совещание. Мне нужны простые серые носки. Или синие. Или чёрные.

— Но сейчас на вас один носок зелёный, а один фиолетовый, — сказал продавец.— Может, всё-таки, возьмёте два зелёных носка или два фиолетовых?

«Ненормальный продавец!» — <u>в ужасе</u> решил Сергей и выбежал из магазина. Уже в коридоре он снова посмотрел на свои носки: они действительно были зелёного и фиолетового цвета. «Я **схожу с ума**!» — подумал Сергей. В коридоре <u>торгового</u> центра начался какой-то праздник. Люди танцевали, пели, не давали Сергею пройти. Сергей понял, что здесь он носки не купит, и что нужно искать другой магазин.

Через полчаса он наконец вышел из торгового центра прямо к Красной площади, но по пути зачем-то купил мороженое и <u>живого</u> **попугая** в **клетке**.

На Красной площади, как всегда, было много людей. В <u>основном</u>, туристов. Они фотографировались у стен Кремля и слушали, как бьют часы на Спасской **башне — куранты**.

«Нет, здесь я точно не куплю носки!» — подумал Сергей, потом посмотрел на куранты и побежал. Было 10 часов. Он уже **опоздал** на работу, а ещё через полчаса опоздает и на совещание! Сергею нужно было скорее попасть в метро. Но на входе его остановил **сотрудник** метро и сказал, что с мороженым заходить в метро нельзя.

Сергей стал быстро есть мороженое. Клетку с попугаем он поставил на пол, чтобы было удобнее. «Как я поеду в офис с попугаем?» — подумал Сергей. Вдруг попугай заговорил: голосом **начальницы** финансового отдела он начал рассказывать о **доходах** компании Сергея в прошлом месяце.

Сергей **испугался** и открыл глаза. Он сидел на совещании в своём офисе. Без попугая и мороженого. В одинаковых серых носках. На часах было 11:00. Начальница финансового отдела закончила свою презентацию и села на место.

— Спасибо Вам, Елена Юрьевна, — сказал генеральный директор. — А теперь давайте послушаем нашего молодого специалиста Сергея Анатольевича. **Насколько я знаю**, он три месяца работал над очень интересным проектом и теперь готов рассказать нам о нём.

«Это был сон, — понял Сергей. — Я так устал за эти три месяца, пока работал над проектом, что заснул на совещании. **Какой ужас!** Надеюсь, никто ничего не **заметил**!»

Он встал и открыл свою презентацию. Проект Сергея получился очень **успешным**. Генеральному директору компании очень понравилась презентация, и через месяц Сергей **действительно** получил должность начальника **отдела**. Но перед тем, как начать работать на новой должности, Сергей взял двухнедельный **отпуск**.

Глоссарий

- **Как обычно** — as usual
- **Вместо** — instead
- **Офисный костюм** — office outfit
- **Совещание** — business meeting
- **Генеральный директор** — CEO
- **Самостоя́тельный** — independent
- **Оканчивать** [несов. вид] / **окончить университет** [сов. вид] — to graduate from a university
- **Трудолюби́вый** — hardworking
- **Целеустремлённый** — goal-oriented
- **Международный** — international
- **До́лжность** — position
- **Делово́й район** — business district
- **На́бережная** — embankment
- **Совреме́нный** — contemporary
- **Гордиться** — to be proud of

- **Свободный** — free, not occupied, empty
- **Случайно** — accidently
- **Не может быть!** — that's not possible!
- **Приготовить** — to prepare
- **Срочно** — urgently
- **Выбегать** [несов. вид] / **выбежать** [сов. вид] — to run out
- **Подземный** — underground
- **Забегать** [несов. вид] / **забежать** [сов. вид] — to run in
- **Удивлённо** — with a surprise
- **Вежливо** — politely
- **Булочка** — roll
- **Пара** — pair
- **К сожалению** — unfortunately
- **В горошек** — polka-dotted
- **Сходить с ума** — to get crazy
- **Попугай** — parrot
- **Клетка** — cage
- **Башня** — tower
- **Куранты** — chiming clock, striking clock

- **Опаздывать** [несов. вид] / **опоздать** [сов. вид] — to be late
- **Сотрудник** — employee
- **Начальница** (ж.р.) Сравни: начальник (м.р.) — head (of the department)
- **Доход** — income, profit
- **Пугаться/испугаться** — to get scared
- **Насколько я знаю** — as far as I know
- **Какой ужас!** — how awful!
- **Замечать** [несов. вид] / **заметить** [сов. вид] — to notice
- **Успешный** — successful
- **Действительно** — really
- **Отдел** — department
- **Отпуск** — vacation

Краткое содержание

Сергей три месяца работал над своим проектом и сегодня должен рассказать о нём генеральному директору компании. Сергей поехал на работу, но в метро понял, что надел носки разного цвета. Сергей вышел на станции «Охотный ряд» и зашёл в большой подземный торговый центр. В торговом центре Сергей нашёл магазин, где продают носки, но там не было носков серого, чёрного или синего цвета. Сергей стал искать другой в магазин. Но ничего не нашёл, зато купил мороженое и попугая. Сергей решил, что сошёл с ума, но вдруг открыл глаза, и понял, что это был сон. Сергей так устал, что заснул на совещании. Сергей рассказал о своём проекте. Проект понравился генеральному директору, и Сергей получил новую должность.

Вопросы

1. Как долго Сергей живёт в Москве?
    a. Всю жизнь
    b. Один год
    c. Десять лет
    d. Два года

2. Где находится офис Сергея?
    a. На Красной площади
    b. В «Охотном ряду»
    c. В Москва-Сити
    d. В Волгограде

3. Зачем Сергей зашёл в торговый центр по дороге на работу?
    a. Купить носки
    b. Купить кофе
    c. Купить цветы
    d. Спросить дорогу

4. Почему Сергей заснул на работе?
    a. Ему стало скучно
    b. Он остался в офисе на ночь
    c. Сергей всегда спит на работе в обеденный перерыв
    d. Он очень устал

5. Какую должность получил Сергей?
    a. Генерального директора
    b. Продавца
    c. Начальника отдела
    d. Сотрудника метро

Ответы на вопросы

1. b

2. c

3. a

4. d

5. c

If you are enjoying this book, would you be kind enough to leave a review for it on Amazon? It'd be greatly appreciated!

Thank you!

Now, there are two more exciting short stories waiting for you on the following pages!

4. Наш Гостевой Дом

Меня зовут Руслан. Мне 37 лет. **Я женат**, у меня трое детей. Мою жену зовут Марина. Ей тоже 37 лет. Марина была моей **одноклассницей**. Мы учились в одной школе 10 лет.

Нашу старшую дочь зовут Алина. Ей 12 лет. Она ходит в школу, любит танцы и рисование. Нашего сына зовут Артём. Ему 5 лет. Он ходит в **детский сад**. Два раза в неделю Артём занимается **верхово́й ездо́й**. Артём очень любит лошаде́й. Нашу младшую дочь зовут Анюта. Ей всего 3 месяца. Она любит спать и слушать, как поёт мама.

Три года назад мы с Мариной **при́няли** важное **решение**. Мы продали нашу квартиру и наш маленький магазин в Иркутске и **переехали** в небольшой **посёлок** на **озере** Байка́л. Все наши деньги мы **вложили** в новый бизнес. Мы построили гостевой дом в очень красивом месте, там, где из озера Байкал **вытека́ет** река Ангара. Это место иногда называют «Ангарские **воро́та**».

По **ме́стно́й** леге́нде Ангара была дочерью Байкала. Она **влюбилась** в **богатыря** Енисея и захотела **выйти** за него **замуж**, но отцу не понравился её **выбор**. Тогда Ангара убежала от Байкала и всё равно стала женой Енисея. Вы, наверное, знаете, что Енисей — это **название** другой сибирской реки. А река Ангара **течёт** из Байкала в Енисей. Марина очень любит эту легенду и всегда рассказывает её нашим гостям.

Наши гости часто спрашивают, почему мы решили уехать из большого города в маленький посёлок и начать всё сначала на новом месте. Мы отвечаем, что всегда мечтали жить на Байкале. Это уникальное место. Самое **глубокое** озеро на

Земле с **пресной** водой и самое красивое из всех озёр, которые я видел.

Байкал такой большой, что все местные жители называют его морем. А ещё здесь чистый воздух, много **свежей** рыбы, много **ягод**, **грибов**. Мы рады, что наши дети растут на Байкале. К тому же, мы не переехали на **край света**, мы живём всего в 70 километрах от Иркутска и часто ездим туда к **родственникам** и друзьям, поэтому мы не **скучаем** по старому **образу жизни**.

Иногда мне **кажется**, что в нашем посёлке жизнь интереснее и динамичнее, чем в Иркутске. И летом, и зимой к нам приезжают **сотни** туристов со всего мира. В нашем гостевом доме **останавливаются** туристы из Китая, США, Германии, Австралии и других стран. Нам особенно приятно, что теперь к нам приезжает много россиян из разных городов нашей страны.

Каждый год Байкал становится всё популярнее и популярнее. С одной стороны, это хорошо, с другой, мы должны сделать всё для того, чтобы **сохранить** красоту и уникальность Байкала.

В нашем гостевом доме мы первые в посёлке начали **раздельный сбор мусора**. Мы стараемся не использовать пластик, а ещё угощаем наших гостей только экологически чистыми продуктами.

Прошлой осенью, когда начались школьные занятия, наша дочь предложила своим одноклассникам после уроков и в выходные дни собирать мусор, который люди оставили на берегу Байкала. Её учительница биологии **поддержала** эту идею. Дети, их родители и учителя всю осень помогали убирать мусор на берегу озера. Мы очень гордимся Алиной и её друзьями.

Больше всего гостей мы **принимаем** в июле и августе. На Байкале это высокий сезон. В эти месяцы здесь **довольно** жарко (до 30 градусов тепла). Можно даже купаться. Хотя и в **жару** вода в озере очень холодная. Если повезёт, то вода будет около 20 - 23 градусов Цельсия. Но нас это не останавливает. Мы купаемся в Байкале каждое лето с детства. Нашим гостям особенно нравится купаться в Байкале сразу после горячей русской **бани**. Все просто **в восторге**!

Но в последнее время очень многие туристы хотят приехать на Байкал **именно** зимой и увидеть настоящую сибирскую зиму. Зима в Сибири очень красивая. Везде лежит чистый белый снег, реки и озёра **покрыты** льдом и очень много солнца.

Байкал очень большой, поэтому он **замерзает** только к февралю. В декабре и начале января, **несмотря на** очень низкую температуру (до минус 45 градусов Цельсия), льда на Байкале ещё нет. Это тоже очень удивляет наших гостей.

Байкал очень разный. На его берегах есть степи, есть горы, есть тайга. На байкальском острове Ольхон есть даже своя **пустыня**! Чтобы показать своим гостям настоящий Байкал, мы организуем много поездок и экскурсий. При **желании** наши гости могут проехать на поезде по **старинной** Круго-Байкальской железной дороге, **добраться** на ка́тере до живопи́сной бу́хты Песчаная, побывать на о́строве Ольхо́н и даже увидеть настоящего шама́на!

Но для нас самое главное, что после всех **приключений** они **возвращаются** в наш уютный гостевой дом, где мы встречаем их вкусной свежей едо́й и **ароматным** горячим чаем из настоящего самовара. Наш гостевой дом для нас — не просто бизнес, это наш **спо́соб** рассказать людям о своей родно́й земле́, подели́ться с ними нашим семе́йным **тепло́м**, показать им обычную жизнь современной сибирской семьи.

Мы гордимся тем, что наши гости возвращаются к нам через год или через два, привозя́т с собой своих детей, родителей, друзей, рассказывают всем в своих городах и странах о красоте́ Байкала. Для нашей семьи это очень важно. Может быть, когда-нибудь мы захотим попробовать что-то новое и уедем из этого посёлка, но на данный момент именно здесь мы очень счастливы.

Глоссарий

- **Быть женатым** — to be married (about a man)
- **Одноклáссница** (ж.р.) Сравни: одноклассник (м.р.) — classmate
- **Детский сад** — nursery, daycare, kindergarten
- **Верховáя ездá** — horseback riding
- **Принимать** [несов. вид] / **принять** [сов. вид] **решение** — make a decision
- **Переезжать** [несов. вид] / **переехать** [сов. вид] — to move
- **Посёлок** — village, settlement
- **Озеро** — lake
- **Вклáдывать** [несов. вид] / **вложи́ть** [сов. вид] — to invest
- **Вытекать/вытечь** — to have its source (about a river)
- **Ворóта** — gate
- **Мéстный** — local

- **Влюбля́ться** [несов. вид] / **влюби́ться** [сов. вид] — to fall in love
- **Богаты́рь** — warrior; bogatyr (folk heroic character)
- **Выходи́ть** [несов. вид] / **вы́йти за́муж** [сов. вид] — to get married (about a woman)
- **Вы́бор** — choice
- **Назва́ние** — name (of a non-living object)
- **Течь** — to flow
- **Глубо́кий** — deep
- **Пре́сный** — fresh (about water)
- **Све́жий** — fresh
- **Я́года** — berry
- **Гриб** — mushroom
- **Край све́та** — edge of the world
- **Ро́дственник** — relative
- **Скуча́ть** — to miss
- **О́браз жи́зни** — life style
- **Каза́ться** — to seem
- **Со́тня** — hundred

- **Останавливаться** [несов. вид] / **остановиться** [сов. вид] — to stay (at the hotel)
- **Сохранять** [несов. вид] / **сохранить** [сов. вид] — to preserve, to save
- **Раздельный сбор мусора** — separate garbage collection
- **Поддерживать** [несов. вид] / **поддержать** [сов. вид] — to support
- **Принимать** [несов. вид] / **принять** [сов. вид] — to accept
- **Довольно** — rather
- **Жара́** — heat
- **Баня** — bathhouse, Russian sauna
- **Быть в восто́рге** — to be thrilled
- **Именно** — specifically
- **Быть покрытым** — to be covered
- **Замерзать** [несов. вид] / **замёрзнуть** [сов. вид] — to freeze up
- **Несмотря на** — despite
- **Пусты́ня** — desert
- **Желание** — wish, desire

- **Старинный** — old-time
- **Добираться** [несов. вид] / **добраться** [сов. вид] — to reach
- **Ка́тер** — motor boat
- **Живопи́сный** — picturesque
- **Бу́хта** — bay
- **Приключение** — adventure
- **Возвращаться** [несов. вид] / **возвратиться** [сов. вид] — to return, to come back
- **Арома́тный** — flavorful
- **Спо́соб** — way
- **Тепло** — warmth

Краткое содержание

Руслан, Марина и их трое детей живут в посёлке на берегу озера Байкал. У них есть гостевой дом, где они принимают гостей из разных стран мира. На Байкале много туристов. Каждый год Байкал становится всё популярнее и популярнее. Больше всего туристов приезжает на Байкал в июле и в августе. В это время там очень тепло и даже можно купаться. Но многие туристы приезжают зимой, чтобы увидеть настоящую сибирскую зиму. Байкал очень большой. Чтобы показать гостям его красоту, Руслан и Марина организовывают много разных экскурсий. Руслан и Марина встречают каждого туриста как своего гостя. Для них гостевой дом — не просто бизнес, а способ рассказать о своей родной земле.

Вопросы

1. Где семья Руслана и Марины жила раньше?
    a. На Ольхоне
    b. В Иркутске
    c. В Бухте Песчаная
    d. В США

2. Какой бизнес есть у Руслана и Марины?
    a. Гостевой дом
    b. Магазин
    c. Туристическое агенство
    d. Частный детский сад

3. Почему местные жители называют Байкал морем?
    a. Вода в Байкале солёная
    b. Байкал является частью океана
    c. Учёные раньше считали Байкал морем
    d. Байкал очень большой

4. Что есть вокруг Байкала?
    a. Тайга
    b. Пустыня
    c. Степь
    d. Всё перечисленное

5. Когда на Байкале высокий сезон?
    a. Осенью
    b. В декабре-январе
    c. В феврале
    d. В июле-августе

Ответы на вопросы

1. b

2. a

3. d

4. d

5. d

5. Блог Алёны

Привет! **Добро пожаловать** в мой блог! Сегодня я хочу немного рассказать вам о себе. Меня зовут Алёна. Мне 27 лет и я живу на самом краю света — на острове Сахалин. Вы уже нашли его на карте?

С детства я хотела путешествовать, мне нравилось читать о разных городах и странах, а в 15 лет я нашла в моём городе курсы японского языка. Эти курсы **изменили** мою жизнь. Я влюбилась в Японию, в японский язык и культуру. После школы я **продолжила** изучать японский язык в университете, несколько раз ездила на **стажировку** в Токио и Киото и много путешествовала по Японии.

Когда я жила в Киото, я даже начала **преподавать** японцам русский язык, чтобы **заработать немного денег**. Мне это очень нравилось. Потом я вернулась на Сахалин и решила продолжить преподавать. Сначала я работала **преподавателем** японского на курсах, но потом поняла, что мне не нравится программа, не нравится **подход** и что я могу сделать **обучение** интереснее.

Тогда я попробовала открыть собственные курсы японского языка. К сожалению, это оказалось **слишком** долго и сложно, и через год я поняла, что нужно искать другой путь. Чтобы не **сидеть без денег**, я стала работать диджеем на местном радио. Работа мне понравилась. Сейчас я веду **ежедневное** утреннее шоу на радио.

Мой рабочий день начинается в 7 утра, **прямой эфир** идёт с 7 до 10 утра. В эфире мы с коллегами много **шутим** и **обсуждаем** городские новости. К нам в студию звонят люди, рассказывают о своей жизни, **передают приветы** и заказывают любимые песни. После эфира до **полудня** я остаюсь на студии, мы с коллегами **придумываем** темы новых эфиров и записываем рекламу. После полудня я свободна и могу посвятить всё время себе.

Я очень активная девушка, поэтому вторую половину дня я тоже не **сижу без дела**. Через полгода работы на радио я создала сайт для изучения японского языка, а потом открыла свои онлайн курсы японского. Через несколько месяцев у меня было уже около 30 учеников, а на Инстаграм-страницу, которую я создала сразу после сайта, сейчас подписано почти две тысячи человек.

На своей Инстаграм-странице я делюсь интересными фактами о Японии и японском языке, провожу прямые эфиры, где рассказываю о японском языке, даю ссылки на полезные интернет-ресурсы для тех, кто хочет изучать японский язык или собирается в путешествие по Японии. Я поняла, что **благодаря** интернету я могу **делиться** своими **знаниями** и идеями с людьми со всего мира, для этого мне уже не нужен учебный класс с доской и партами.

Через какое-то время мне стали писать люди и спрашивать, могу ли я научить их каким-то другим языкам, кроме японского, по моей системе. Так появился мой курс русского языка для иностранцев. А скоро, я надеюсь, на моём сайте можно будет пройти курс китайского и корейского.

Вы, наверное, думаете, что я говорю и на китайском и на корейском языках, а не только на японском. К сожалению, это неправда. Но я нашла других хороших молодых учителей, которые готовы работать со мной. Восточные языки очень важны в нашем регионе, ведь мы живём рядом с Японией, Кореей и Китаем и очень далеко от Москвы. Только **представьте**, самолет летит от Южно-Сахалинска до Москвы целых 9 часов, а до Токио всего 2 часа.

В маленьком городе люди не так часто создают интересные проекты, как, например, в Москве. То, что я делаю, для Южно-Сахалинска довольно необычно. Поэтому недавно обо мне написали в местной газете и **напечатали** мою фотографию. Теперь иногда люди даже узнают меня на улице, а ещё подписываются на мою Инстаграм-страницу просто из **любопытства**. Я **считаю**, что это хорошо. Может быть, эти люди тоже полюбят Японию и японский язык так же сильно, как я.

Я, кстати, не только всё время работаю, я ещё и всё время учусь. Каждые полгода я стараюсь ездить на курсы и семинары для преподавателей иностранных языков, читаю профессиональные статьи и даже сама пишу для разных журналов, делюсь своим **опытом** и идеями **по поводу** преподавания иностранных языков в современном мире. А ещё **недавно** я прошла курс о том, как правильно **вести бизнес** в интернете. Эти знания я точно буду часто **использовать**!

После того, как мои онлайн курсы стали популярными, преподавание японского и русского языка как иностранного занимает всё больше моего времени. Я уже несколько раз думала о том, что мне **пора** оставить мою работу на радио и **полностью сфокусироваться** на своём собственном проекте. Но, с другой стороны, мне очень нравится работать на радио. Там весело, интересно и каждый день можно общаться с разными людьми.

А недавно директор радио, где я работаю, тоже **подписался** на мой Инстаграм, и теперь у него появилась идея сделать на нашем радиопрограмму о Японии и других близких к Сахалину странах. У нас музыкальная радиостанция, поэтому я думаю, что в такой программе должно звучать много японской, корейской и китайской музыки. Это может быть интересно! Я очень хочу попробовать сделать такую программу. Поэтому пока я решила продолжить работу на радио, и, конечно же, не оставлять свой интернет-проект.

Это всё, что я хотела вам сегодня рассказать! **Обнимаю!**

Ваша Алёна

Глоссарий

- **Добро пожаловать!** — Welcome!
- **Изменя́ть** [несов. вид] / **измени́ть** [сов. вид] — to change
- **Продолжать** [несов. вид] / **продо́лжить** [сов. вид] — to continue
- **Стажиро́вка** — internship
- **Преподава́ть** — to teach
- **Зарабо́тать немного денег** — to make some money
- **Преподаватель** — teacher
- **Подхо́д** — approach
- **Обуче́ние** — learning process
- **Слишком** — too
- **Сидеть без денег** — to be short of money
- **Ежедневный** — daily
- **Прямо́й эфи́р** — live broadcast
- **Шути́ть** — to make jokes
- **Обсуждать** [несов. вид] / **обсудить** [сов. вид] — to discuss

- **Передавать** [несов. вид] **привет** / **передать** [сов. вид] **привет** — to send regards
- **По́лдень** — noon
- **Приду́мывать** [несов. вид] / **приду́мать** [сов. вид] — to come up with
- **Сидеть без дела** — to sit around doing nothing
- **Благодаря** — thanks to
- **Делиться** — to share
- **Знания** — knowledge
- **Представля́ть** [несов. вид] / **предста́вить** [сов. вид] — to imagine
- **Напечатать** — to publish
- **Любопы́тство** — curiosity
- **Считать** — to believe
- **Опыт** — experience
- **По поводу** — in regards to
- **Недавно** — recently; not long ago
- **Вести бизнес** — do the business
- **Использовать** — to use
- **Пора** — it is time

- **По́лностью** — entirely
- **Сфокуси́роваться** — to focus
- **Подпи́сываться** [несов. вид] / **подписа́ться** [сов. вид] — to subscribe
- **Обнима́ть** [несов. вид] / **обня́ть** [сов. вид] — to hug

Краткое содержание

Алёна живёт на Сахалине. Ей нравится Япония и японский язык. Алёна изучала японский язык в университете, а потом ездила на стажировку в Японию. Сейчас до полудня она работает диджеем на радио, а после преподаёт японский язык и русский язык как иностранный на своих онлайн-курсах иностранных языков. Это проект Алёна создала сама и тратит на него много времени.

Скоро она планирует открыть ещё курсы китайского и корейского на своём сайте. Кроме сайта у Алёны есть Инстаграм-страница, где она рассказывает о Японии и японском языке. После того, как курсы стали успешными, Алёна хотела уйти с радио и работать только над своим проектом, но директор радио сказал, что хочет сделать на радиопрограмму о Японии и других соседних странах. Алёне нравится эта идея, и она решила пока не уходить с радио.

Вопросы

1. Где сейчас живёт Алёна?
    a. В Токио
    b. В Киото
    c. В Южно-Сахалинске
    d. В Москве

2. Какой язык преподаёт Алёна?
    a. Английский
    b. Японский
    c. Корейский
    d. Китайский

3. Какую передачу Алёна сейчас ведёт на радио?
    a. Утреннее шоу
    b. Вечернее шоу
    c. Программу о Японии
    d. Программу об Инстаграм-блогах

4. Почему Алёна хотела уйти с радио?

a. Ей не нравилась работа
b. Ей не нравилась зарплата
c. Она хотела больше времени работать над своим проектом
d. Её пригласили работать в газету.

5. Где Алёна написала этот рассказ о себе?
   a. В своём блоге
   b. В газете
   c. В письме другу
   d. В своей книге

Ответы на вопросы

1. c

2. b

3. a

4. c

5. a

Conclusion

You've come to the end of this book with Russian short stories.

Russian is a romantic language – the language in which some of the most important books in the world have been written. It might seem difficult to learn but, at a closer look, you will find its peculiarities to be exactly what makes it so interesting to study.

As a beginner, you must remember that practice makes perfect. Reading short stories such as these is a great way to learn the language, without feeling like you are actually making an effort. The more you read, the faster you will develop your vocabulary and become acquainted with the grammatical nuances of Russian.

Hopefully you enjoyed reading this book as you immersed yourself in the unique complexities of the Russian language. Language skills take time to improve, so do not feel intimated, and do pursue your goal. Keep returning to these stories to become a more proficient reader and impress everyone with how well you mastered Russian.

Again, thank you for buying this book. If you enjoyed it, we'd like to ask you for a favor – could you leave a review for this book on Amazon? It'd be really appreciated!

Thank you and until next time!

Made in the USA
Coppell, TX
22 September 2020